AF221644

Impressum
Verlag: BABADADA GmbH, Nedderfeld 112 , 22529 Hamburg
Geschäftsführer / Verlagsleitung: Harald Hof
Druck: Books on Demand GmbH, In de Tarpen 42, 22848 Norderstedt

Imprint
Publisher: BABADADA GmbH, Nedderfeld 112 , 22529 Hamburg, Germany
Managing Director / Publishing direction: Harald Hof
Print: Books on Demand GmbH, In de Tarpen 42, 22848 Norderstedt, Germany

școală
kool

sală de clasă
klassiruum
a împărți
jagama
186/2
tablă
tahvel
curte a școlii
koolihoov
profesor
õpetaja
hârtie
paber
a scrie
kirjutama
instrument de scri
pastapliiats
masă de birou
kirjutuslaud
riglă
joonlaud
carte
raamat
elev
õpilane

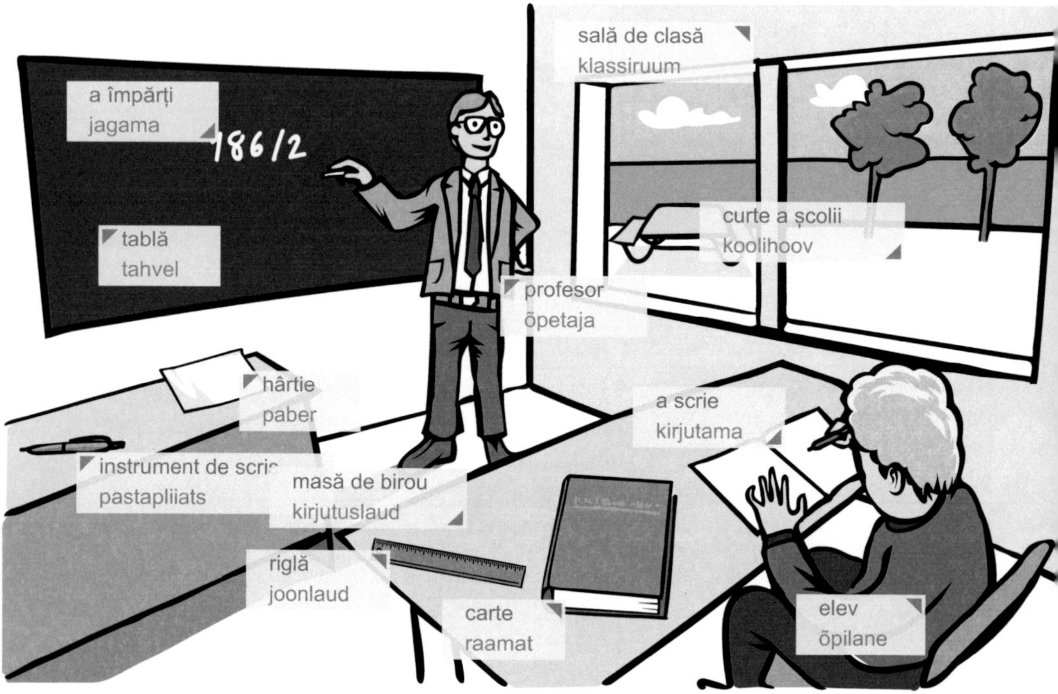

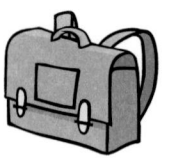

ghiozdan
koolikott

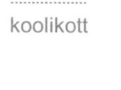

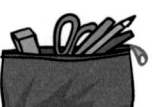

penar
pinal

creion
harilik pliiats

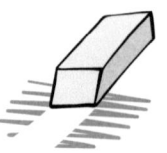

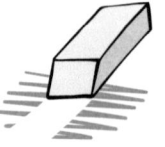

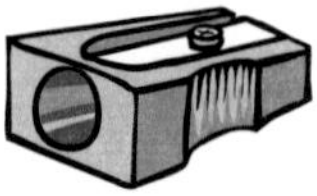

ascuțitoare
pliiatsiteritaja

radieră
kustukumm

bloc de desen
joonistusplokk

desen

joonistus

pensulă

pintsel

cutie de acuarele

värvikarp

foarfece

käärid

lipici

liim

caiet de exerciţii

töövihik

temă

kodutöö

număr

number

a aduna

liitma

a scădea

lahutama

a multiplica

korrutama

a calcula

arvutama

literă

täht

alfabet

tähestik

cuvânt

sõna

text

tekst

a citi

lugema

cretă

kriit

oră

koolitund

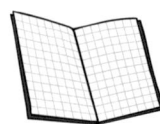

catalog

klassipäevik

examen

eksam

certificat

tunnistus

uniformă şcolară

koolivorm

educaţie

haridus

enciclopedie

entsüklopeedia

universitate

ülikool

microscop

mikroskoop

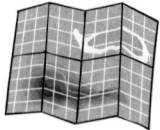

hartă

kaart

coş de gunoi

paberikorv

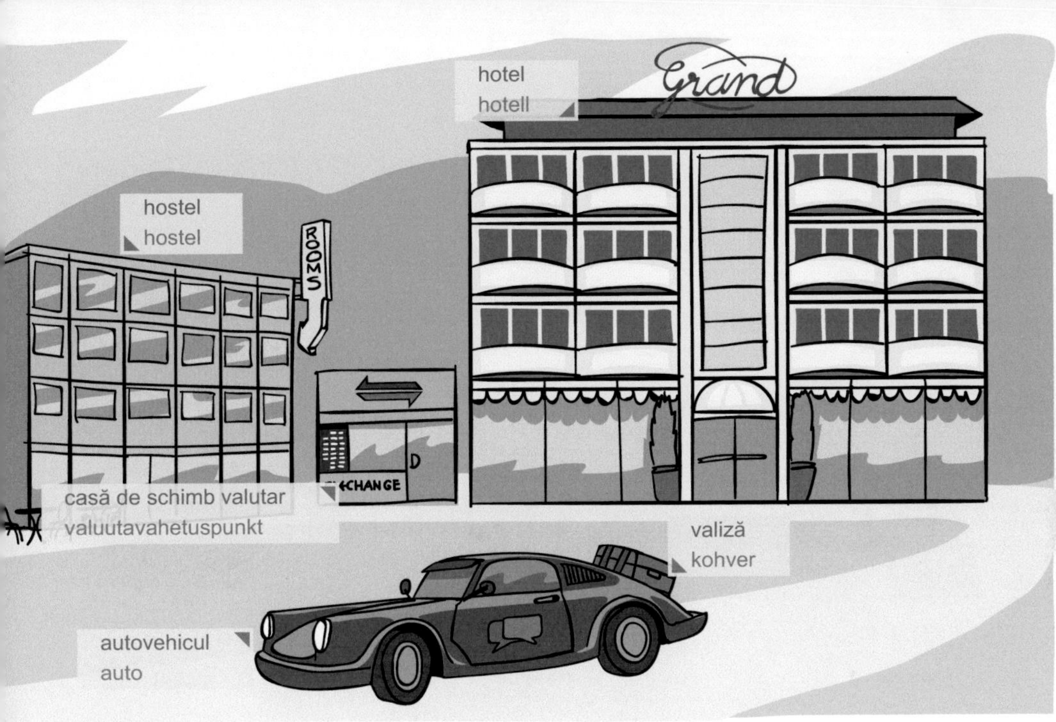

hotel
hotell

Grand

hostel
hostel

ROOMS

casă de schimb valutar
valuutavahetuspunkt

EXCHANGE

valiză
kohver

autovehicul
auto

limbă
keel

da/nu
jah / ei

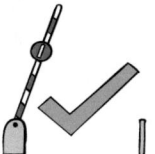

okay
okei

Bună!
Tere!

interpret
tõlk

mulțumesc
Aitäh!

Cât costă...?

Kui palju maksab ...?

Nu înțeleg

Ma ei saa aru

problemă

probleem

Bună seara!

Tere õhtust!

Bună dimineața!

Tere hommikust!

Noapte bună!

Head ööd!

la revedere

Head aega!

direcție

suund

bagaj

pagas

geantă

kott

rucsac

seljakott

oaspete

külaline

cameră

tuba

sac de dormit

magamiskott

cort

telk

unct de informare turistică

turismiinfo

plajă

rand

carte de credit

krediitkaart

mic dejun

hommikusöök

masa de prânz

lõunasöök

cină

õhtusöök

bilet de călătorie

pilet

lift

lift

timbru poştal

postmark

graniţă

riigipiir

vamă

toll

ambasadă

saatkond

viză

viisa

paşaport

pass

transport
transport

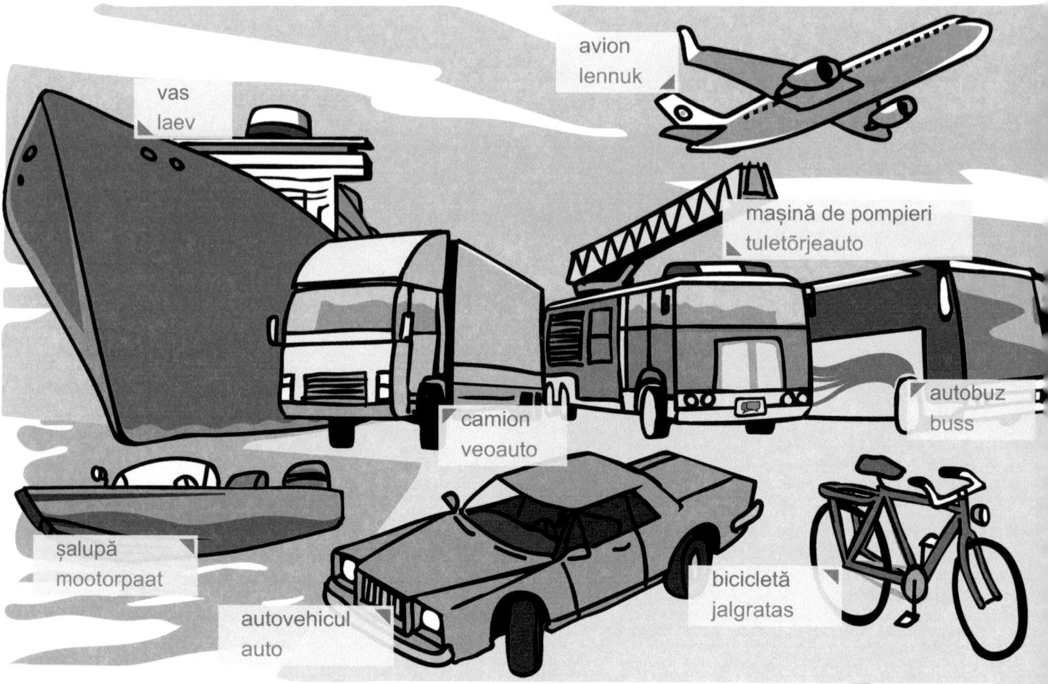
vas
laev
avion
lennuk
mașină de pompieri
tuletõrjeauto
autobuz
buss
camion
veoauto
șalupă
mootorpaat
autovehicul
auto
bicicletă
jalgratas

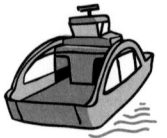

feribot

praam

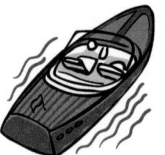

barcă

paat

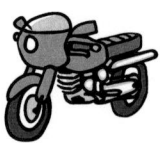

motocicletă

mootorratas

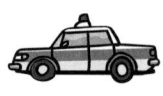

mașină de poliție

politseiauto

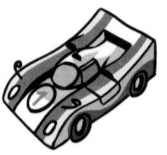

mașină de curse

võidusõiduauto

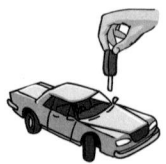

mașină închiriată

rendiauto

car sharing

ühisauto

maşină de tractat

puksiirauto

maşină de gunoi

prügiauto

motor

mootor

combustibil

kütus

benzinărie

tankla

semn de circulaţie

liiklusmärk

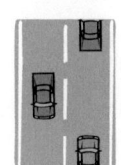

trafic

liiklus

ambuteiaj

liiklusummik

parcare

parkla

gară

raudteejaam

șine

rööpad

tren

rong

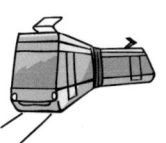

tramvai

tramm

vagon

vagun

elicopter

helikopter

aeroport

lennujaam

turn

torn

pasager

reisija

container

konteiner

carton

pappkast

căruță

käru

coș

korv

a decola/a ateriza

õhku tõusma / maanduma

oraș

linn

sat

küla

centru

kesklinn

casă

maja

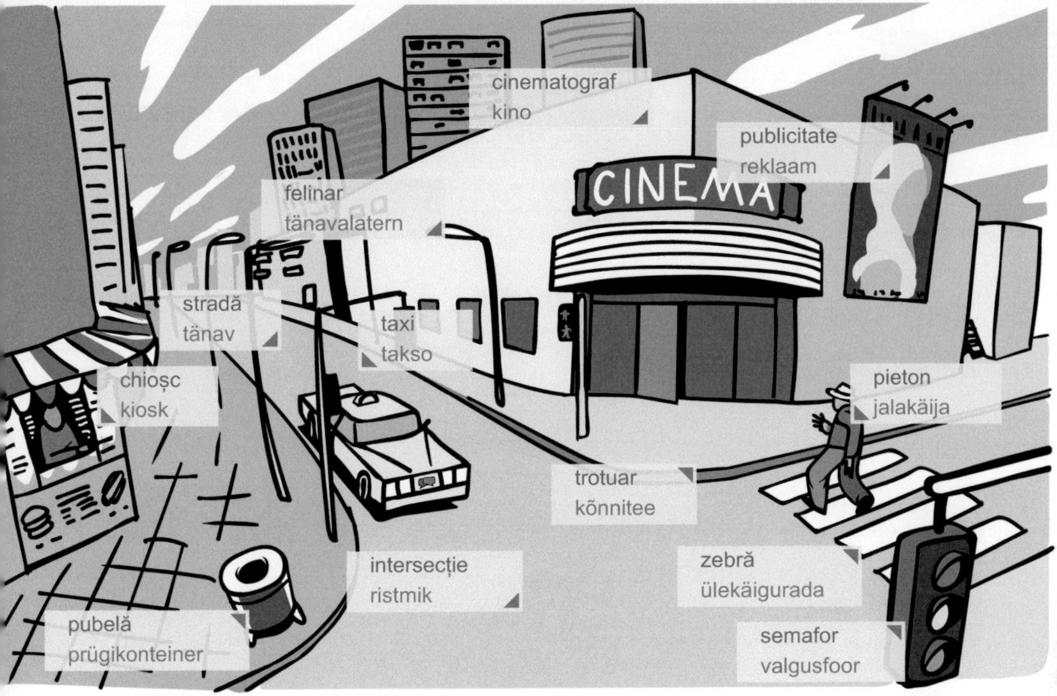

cinematograf
kino

publicitate
reklaam

felinar
tänavalatern

CINEMA

strada
tänav

taxi
takso

chiosc
kiosk

pieton
jalakäija

trotuar
kõnnitee

intersecție
ristmik

zebră
ülekäigurada

pubelă
prügikonteiner

semafor
valgusfoor

cabană
osmik

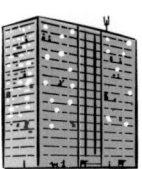

apartament
kortermaja

gară
raudteejaam

primărie
raekoda

muzeu
muuseum

școală
kool

universitate

ülikool

bancă

pank

spital

haigla

hotel

hotell

farmacie

apteek

birou

kontor

librărie

raamatupood

magazin

kauplus

florărie

lillepood

supermarket

supermarket

piață

turg

magazin universal

kaubamaja

comerciant de pește

kalapood

centru comercial

kaubanduskeskus

port

sadam

parc

park

bancă

pink

pod

sild

trepte

trepp

metrou

metroo

tunel

tunnel

stație de autobuz

bussipeatus

bar

baar

restaurant

restoran

cutie poștală

postkast

tăbliță indicatoare cu numele străzii

tänavasilt

parcometru

parkimisautomaat

grădină zoologică

loomaaed

piscină

ujula

moschee

mošee

gospodărie țărănească
....
talu

poluare
....
reostus

cimitir
....
surnuaed

biserică
....
kirik

loc de joacă
....
mänguväljak

templu
....
tempel

peisaj
maastik

frunză
leht

indicator
teeviit

drum
tee

pajiște
aas

piatră
kivi

copac
puu

drumeț
matkaja

râu
jõgi

iarbă
rohi

floare
lill

vale
org

deal
mägi

lac
järv

pădure
mets

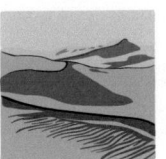

deșert
kõrb

vulcan
vulkaan

castel
linnus

curcubeu
vikerkaar

ciupercă
seen

palmier
palm

țânțar
sääsk

muscă
kärbes

furnică
sipelgas

albină
mesilane

păianjen
ämblik

gândac

mardikas

broască

konn

veveriță

orav

arici

siil

iepure

jänes

bufniță

öökull

pasăre

lind

lebădă

luik

porc mistreț

metssiga

cerb

hirv

elan

põder

dig

pais

turbină eoliană

tuuleturbiin

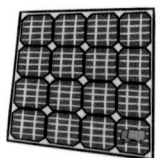

panou solar

päikesepaneel

climă

kliima

restaurant
restoran

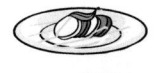

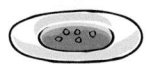

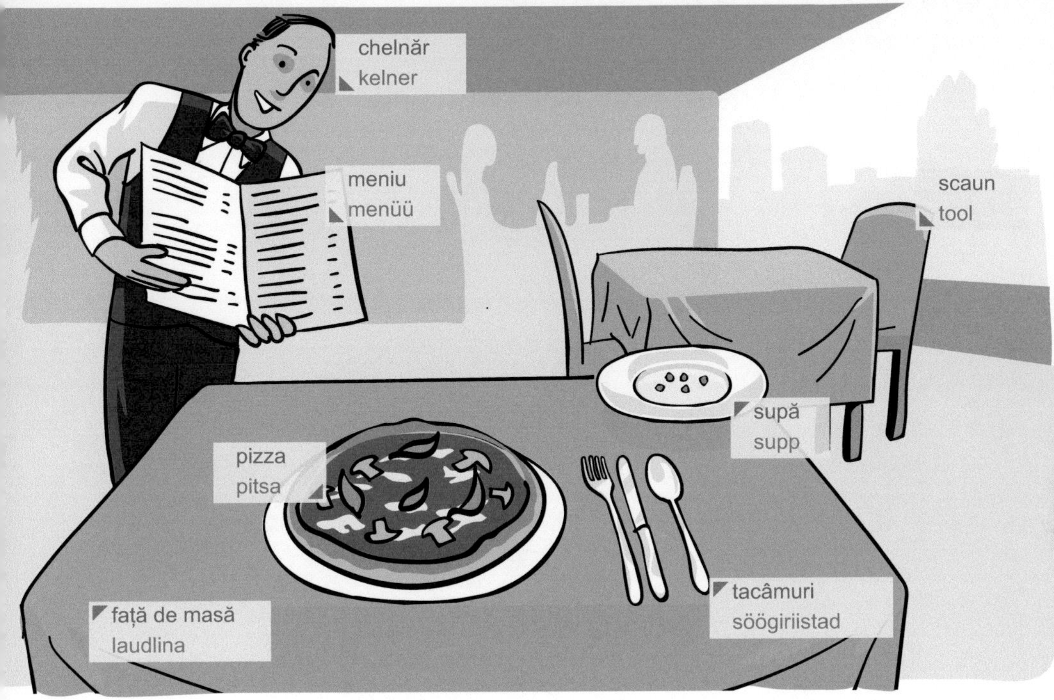

chelnăr
kelner
meniu
menüü
scaun
tool
supă
supp
pizza
pitsa
tacâmuri
söögiriistad
față de masă
laudlina

antreu

eelroog

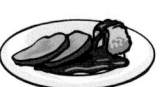

fel principal

pearoog

desert

magustoit

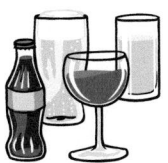

băuturi

joogid

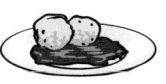

mâncare

toit

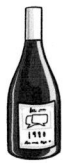

sticlă

pudel

fastfood

kiirtoit

streetfood

tänavatoit

ceainic

teekann

zaharniță

suhkrutoos

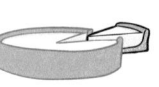

porție

portsjon

espressor

espressomasin

scaun înalt (pentru copii)

lastetool

factură

arve

tavă

kandik

cuțit

nuga

furculiță

kahvel

lingură

lusikas

linguriță

teelusikas

șervețel

salvrätik

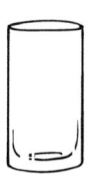

pahar

klaas

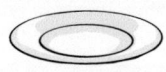

farfurie
taldrik

farfurie de supă
supitaldrik

farfurie
alustass

sos
kaste

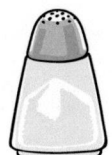

solniță
soolatoos

râșniță de piper
pipraveski

oțet
äädikas

ulei
õli

condimente
vürtsid

ketchup
ketšup

muștar
sinep

maioneză
majonees

supermarket
supermarket

ofertă
eripakkumine
FOR
client
klient
produse lactate
piimatooted
fructe
puuviljad
cărucior de cumpărături
ostukäru

BUTCHERS

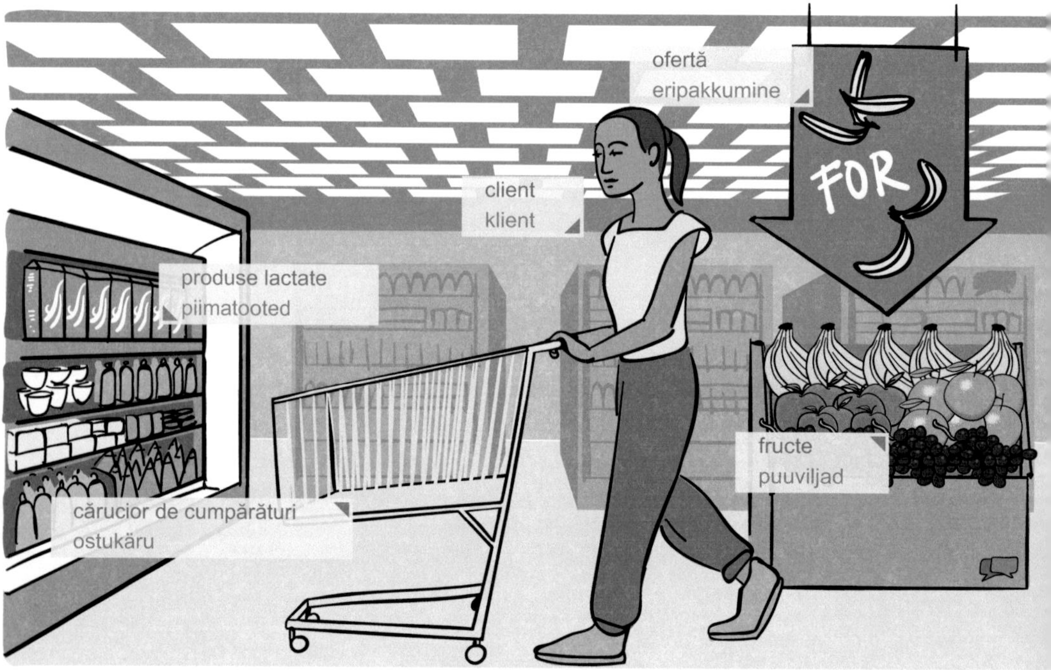

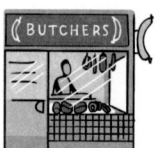

măcelărie

lihapood

BAKERY

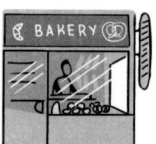

brutărie

pagariäri

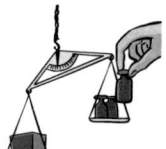

a cântări

kaaluma

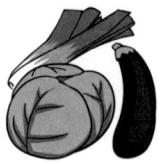

legume

köögiviljad

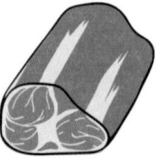

carne

liha

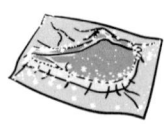

alimente refrigerate

külmutatud toit

ezeluri și brânzeturi feliate

lihalõigud

conserve

konservid

detergent

pesupulber

dulciuri

maiustused

articole de menaj

majatarbed

produse de curățenie

puhastustooted

vânzătoare

müüja

casă

kassaaparaat

casier

kassapidaja

listă de cumpărături

ostunimekiri

orar

lahtiolekuajad

portmoneu

rahakott

carte de credit

krediitkaart

geantă

kott

pungă de plastic

kilekott

apă

vesi

suc

mahl

lapte

piim

cola

koola

vin

vein

bere

õlu

alcool

alkohol

cacao

kakao

ceai

tee

cafea

kohv

espresso

espresso

cappucino

cappuccino

banane

banaan

măr

õun

portocală

apelsin

pepene

arbuus

lămâie

sidrun

morcov

porgand

usturoi

küüslauk

bambus

bambus

ceapă

sibul

ciupercă

seen

nuci

pähklid

paste făinoase

nuudlid

spagheti

spagetid

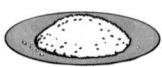

orez

riis

salată

salat

cartofi prăjiți

friikartulid

cartofi țărănești

praekartulid

pizza

pitsa

hamburger

hamburger

sandwich

võileib

șnițel

šnitsel

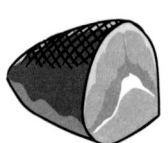

șuncă

sink

salam

salaami

cârnați

vorst

pui

kana

friptură

praeliha

pește

kala

mâncare - toit

fulgi de ovăz

kaerahelbed

musli

müsli

cereale

maisihelbed

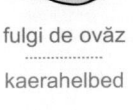

făină

jahu

corn

sarvesai

chifle

kukkel

pâine

leib

pâine prăjită

röstsai

biscuiți

küpsised

unt

või

brânză de vaci

kohupiim

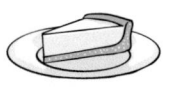

prăjitură

kook

ou

muna

ouă ochiuri

praemuna

brânză

juust

îngheţată

jäätis

zahăr

suhkur

miere

mesi

marmeladă

moos

cremă nuga

pähklivõie

curry

karri

gospodărie țărănească

talu

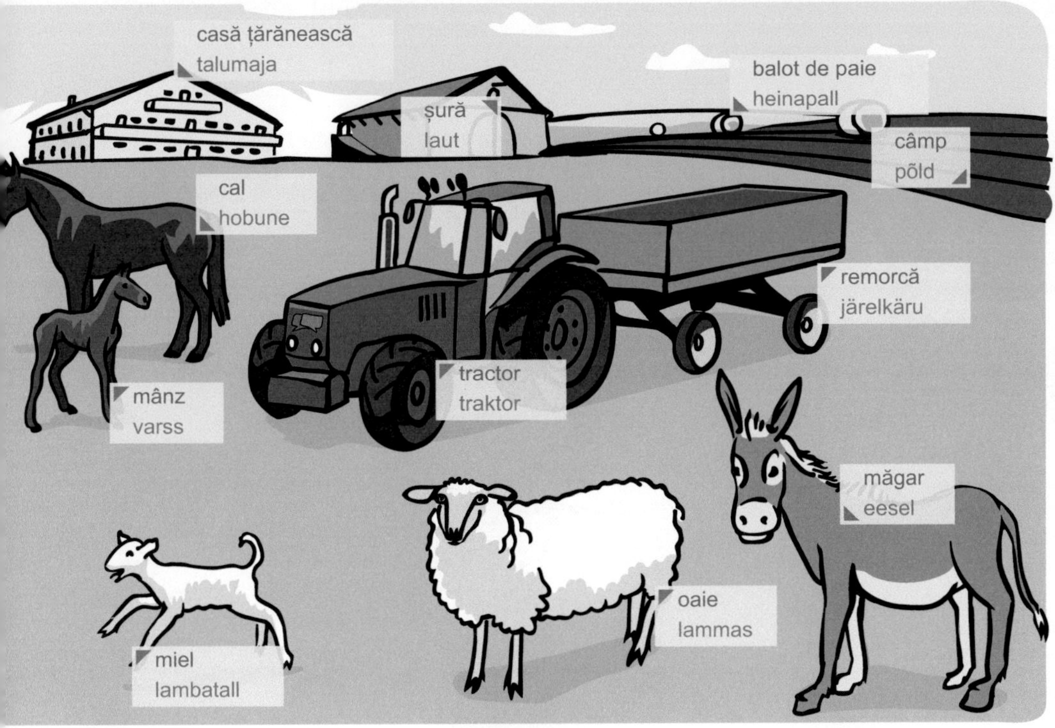

casă țărănească
talumaja
șură
laut
balot de paie
heinapall
câmp
põld
cal
hobune
remorcă
järelkäru
mânz
varss
tractor
traktor
măgar
eesel
oaie
lammas
miel
lambatall

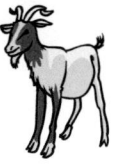

capră
kits

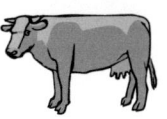

vacă
lehm

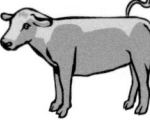

vițel
vasikas

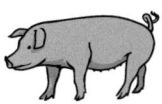

porc
siga

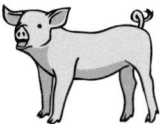

purcel
põrsas

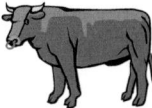

taur
pull

găină

hani

rață

part

pui

tibu

găină

kana

cocoș

kukk

șobolan

rott

pisică

kass

șoarece

hiir

bou

härg

câine

koer

cușcă

koerakuut

furtun de grădină

aiavoolik

stropitoare

kastekann

coasă

vikat

plug

ader

secerǎ

sirp

sapǎ

kõblas

furcǎ

hang

secure

kirves

roabǎ

käru

troacǎ

küna

canǎ pentru lapte

piimanõu

sac

kott

gard

tara

grajd

tall

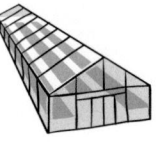

serǎ

kasvuhoone

sol

muld

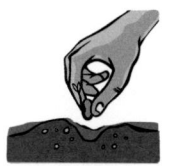

sǎmânțǎ

seeme

fertilizator

väetis

combinǎ de treierat

kombain

a culege

saaki koristama

recoltă

saagikoristus

cartof yam

jamss

grâu

nisu

soia

soja

cartof

kartul

porumb

mais

rapiţă

raps

pom fructifer

viljapuu

manioc

maniokk

cereale

teravili

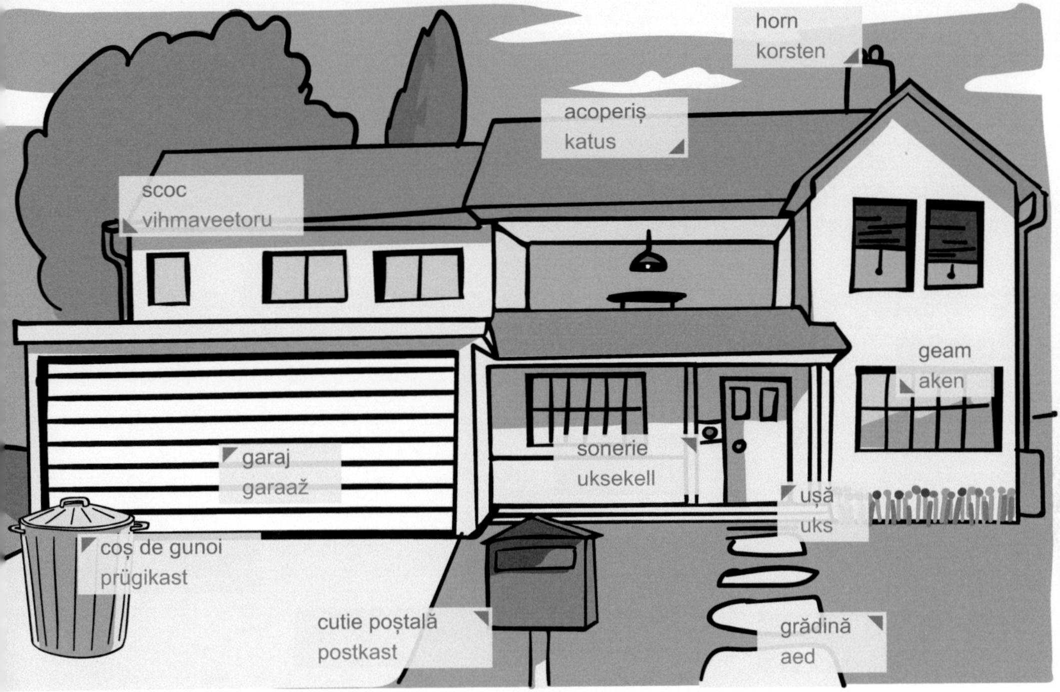

horn
korsten

acoperiș
katus

scoc
vihmaveetoru

geam
aken

garaj
garaaž

sonerie
uksekell

ușă
uks

coș de gunoi
prügikast

cutie poștală
postkast

grădină
aed

camerǎ de zi

elutuba

baie

vannituba

bucătărie

köök

dormitor

magamistuba

camera copiilor

lastetuba

sufragerie

söögituba

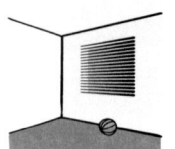

podea

põrand

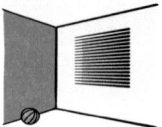

perete

sein

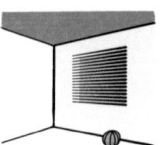

tavan

lagi

pivniță

kelder

saună

saun

balcon

rõdu

terasă

terrass

piscină

bassein

mașină de tuns iarba

muruniiduk

cearșaf

voodilina

cuvertură

päevatekk

pat

voodi

mătură

luud

găleată

ämber

întrerupător

lüliti

cameră de zi
elutuba

tapet
tapeet
pictură
pilt
lampă
lamp
raft
riiul
dulap
kapp
televizor
televiisor
șemineu
kamin
floare
lill
pernă
padi
sofa
diivan
vază
vaas
telecomandă
kaugjuhtimispult

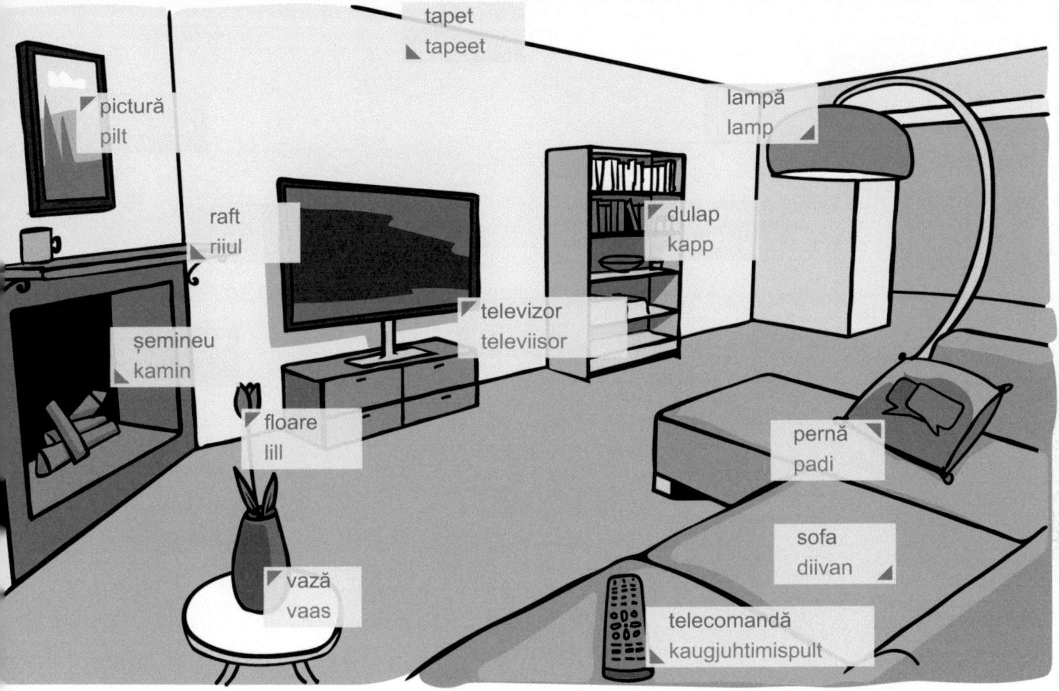

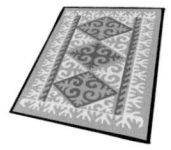

covor

vaip

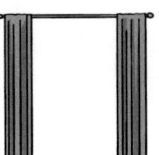

perdea

kardin

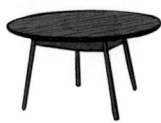

masă

laud

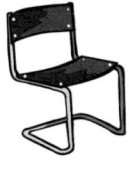

scaun

tool

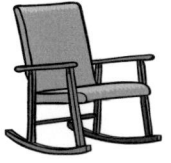

balansoar

kiiktool

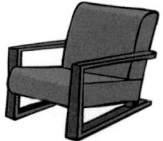

fotoliu

tugitool

carte

raamat

pătură

tekk

decoraţiune

kaunistus

lemn de foc

küttepuud

film

film

instalaţie stereo

helisüsteem

cheie

võti

ziar

ajaleht

desen

maal

poster

plakat

radio

raadio

caiet de notiţe

märkmik

aspirator

tolmuimeja

cactus

kaktus

lumânare

küünal

bucătărie
köök

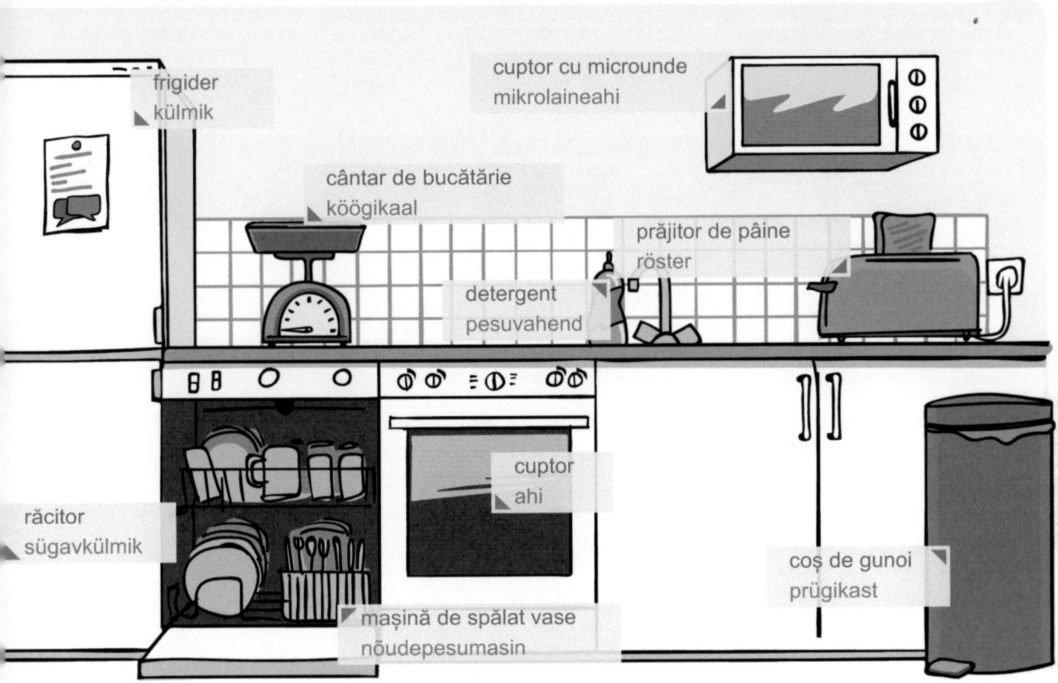
frigider
külmik
cuptor cu microunde
mikrolaineahi
cântar de bucătărie
köögikaal
prăjitor de pâine
röster
detergent
pesuvahend
cuptor
ahi
răcitor
sügavkülmik
coş de gunoi
prügikast
mașină de spălat vase
nõudepesumasin

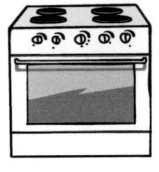

cuptor
pliit

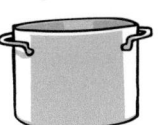

oală
pott

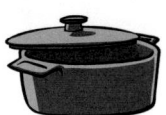

oală de metal
malmpott

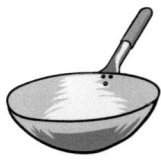

wok/kadai
vokkpann

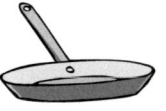

tigaie
pann

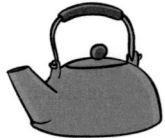

ceainic
veekeetja

oală de gătit cu aburi

aurutaja

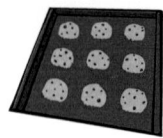

tavă de copt

küpsetusplaat

veselă

lauanõud

pahar

kruus

bol

kauss

bețișoare

söögipulgad

polonic

kulp

spatulă

pannilabidas

tel

vispel

sită

kurn

sită

sõel

răzătoare

riiv

mojar

uhmer

grătar

grill

loc pentru grătar

lahtine tuli

tocător

lõikelaud

sucitor

tainarull

tirbușon

korgitser

conservă

konservipurk

deschizător de conserve

konserviavaja

șervete termice

pajakinnas

chiuvetă

kraanikauss

perie

hari

burete

pesukäsn

mixer

kannmikser

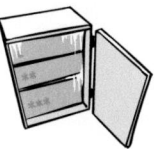

ladă frigorifică

sügavkülmuti

biberon

lutipudel

robinet

segisti

baie
vannituba

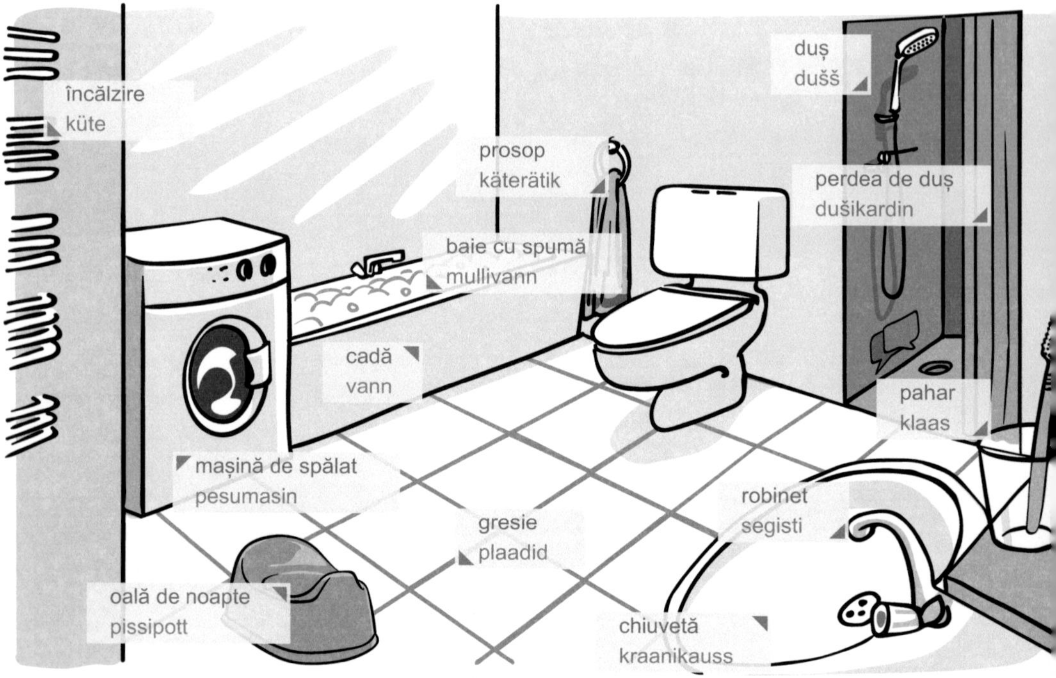

încălzire
küte
prosop
käterätik
duș
dušš
perdea de duș
dušikardin
baie cu spumă
mullivann
cadă
vann
pahar
klaas
mașină de spălat
pesumasin
robinet
segisti
gresie
plaadid
oală de noapte
pissipott
chiuvetă
kraanikauss

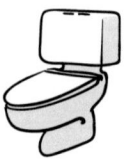

toaletă

WC-pott

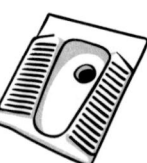

toaletă turcescă

kükitamistualett

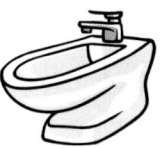

bideu

bidee

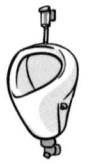

pisoir

pissuaar

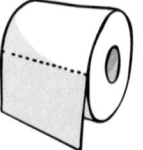

hârtie igienică

tualettpaber

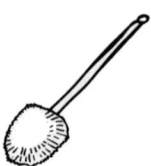

perie de toaletă

WC-hari

periuță de dinți

hambahari

pastă de dinți

hambapasta

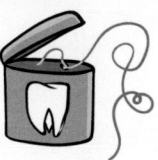

ață dentară

hambaniit

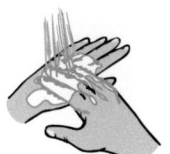

a spăla

pesema

cap de duș

käsidušš

duș intim

intiimdušš

lavoar

pesukauss

perie pentru spate

seljahari

săpun

seep

gel de duș

dušigeel

șampon

šampoon

cârpă de spălat

vamm

scurgere

äravool

cremă

kreem

deodorant

deodorant

oglindă

peegel

oglindă cosmetică

käsipeegel

aparat de ras

habemenuga

spumă de ras

raseerimisvaht

aftershave

habemevesi

pieptene

kamm

perie

hari

uscător de păr

föön

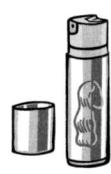

fixator

juukselakk

machiaj

meigikomplekt

ruj

huulepulk

lac de unghii

küünelakk

vată

vatt

foarfece de unghii

küünekäärid

parfum

parfüüm

neseser

tualett-tarvete kott

taburet

taburet

cântar

kaal

halat de baie

hommîkumantel

mănuși de cauciuc

kummikindad

tampon

tampoon

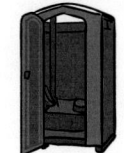

tampon

hügieeniside

toaletă chimică

keemiline tualett

camera copiilor
lastetuba

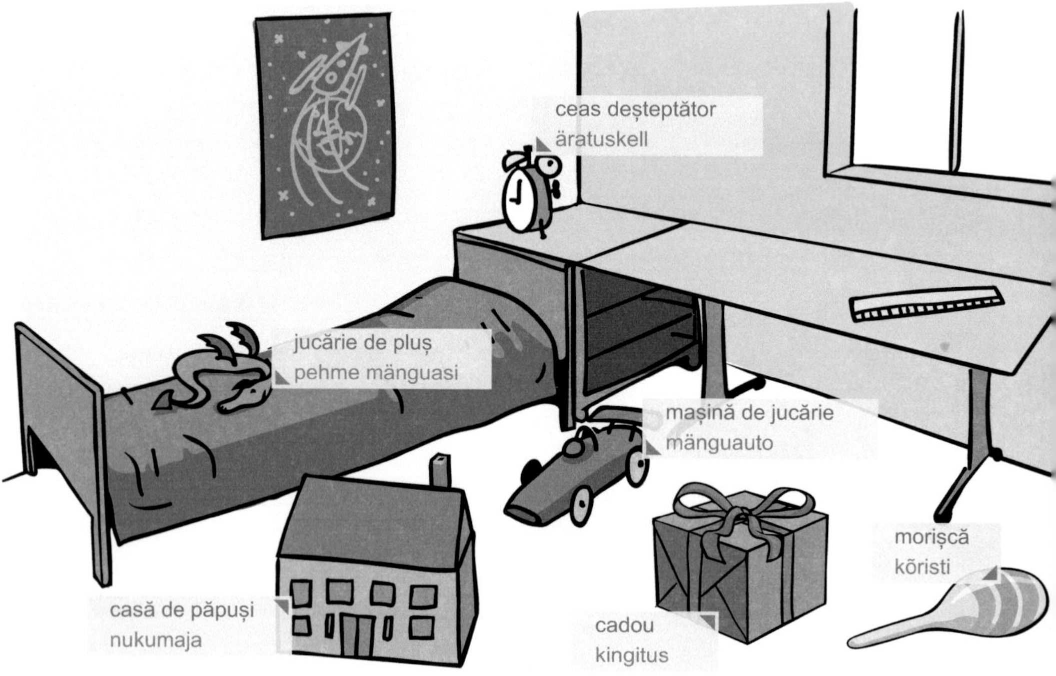

ceas deșteptător
äratuskell
jucărie de pluș
pehme mänguasi
mașină de jucărie
mänguauto
morișcă
kõristi
casă de păpuși
nukumaja
cadou
kingitus

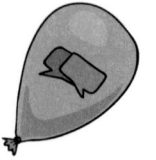

balon
õhupall

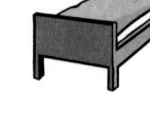

pat
voodi

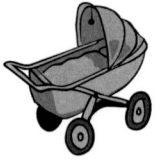

cărucior de copii
lapsevanker

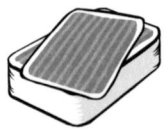

joc de cărți
kaardipakk

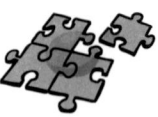

puzzle
pusle

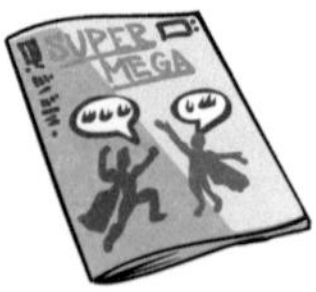

revistă de benzi desenate
koomiks

cuburi lego

Lego klotsid

piese pentru construcții

klotsid

personaj din filmele de acțiune

kujuke

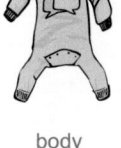

body

siputuspüksid

frisbee

lendav taldrik

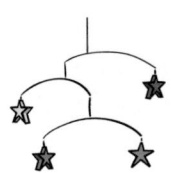

mobil

voodikarussell

joc de societate

lauamäng

zar

täringud

set trenuleț de jucărie

mudelrong

suzetă

lutt

petrecere

pidu

carte cu poze

pildiraamat

minge

pall

păpușă

nukk

a se juca

mängima

groapă de nisip

liivakast

leagăn

kiik

jucării

mänguasjad

consolă video

mängukonsool

tricicletă

kolmerattaline jalgratas

ursuleț

mängukaru

dulap

riidekapp

îmbrăcăminte
riietus

șosete

sokid

ciorapi

sukad

dres

sukkpüksid

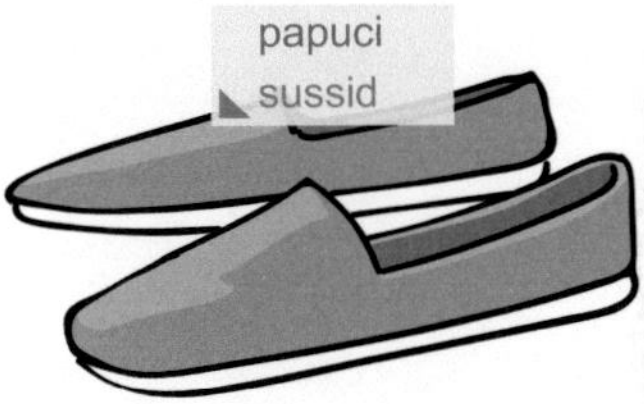

şal
sall

umbrelă
vihmavari

tricou
T-särk

curea
vöö

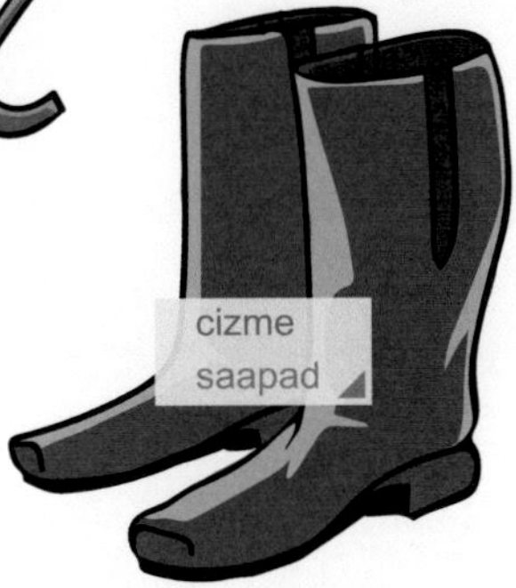

cizme
saapad

papuci
sussid

pantofi sport
tossud

sandale

....

sandaalid

încălţăminte

....

jalatsid

cizme de cauciuc

....

kummikud

chilot

....

aluspüksid

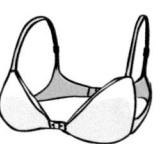

sutien

....

rinnahoidja

maiou

....

vest

body

bodi

pantaloni

püksid

blugi

teksapüksid

fustă

seelik

bluză

pluus

cămașă

särk

pulover

sviiter

jerseu

dressipluus

sacou

bleiser

jachetă

jakk

palton

mantel

pelerină de ploaie

vihmamantel

costum

kostüüm

rochie

kleit

rochie de mireasă

pulmakleit

costum

ülikond

cămașă de noapte

öösärk

pijama

pidžaama

sari

sari

batic

pearätt

turban

turban

burka

burka

caftan

kaftan

abaya

abayah

costum de baie

ujumistrikoo

șort

ujumispüksid

pantaloni scurți

lühikesed püksid

trening

dressid

șorț

põll

mănuși

kindad

nasture

nööp

ochelari

prillid

brăţară

käevõru

lanţ

kaelakee

inel

sõrmus

cercel

kõrvarõngas

căciulă

nokamüts

umeraş

riidepuu

pălărie

kaabu

cravată

lips

fermoar

tõmblukk

cască

kiiver

bretele

traksid

uniformă şcolară

koolivorm

uniformă

vormirõivad

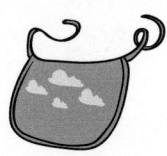

bavețică

pudipõll

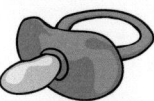

suzetă

lutt

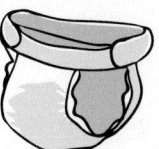

scutec

mähe

birou

kontor

server
server
dulap de acte
arhiivikapp
imprimantă
printer
hârtie
paber
monitor
monitor
mouse
hiir
masă de birou
kirjutuslaud
fișier
kaust
tastatură
klaviatuur
coș de gunoi
paberikorv
computer
arvuti
scaun
tool

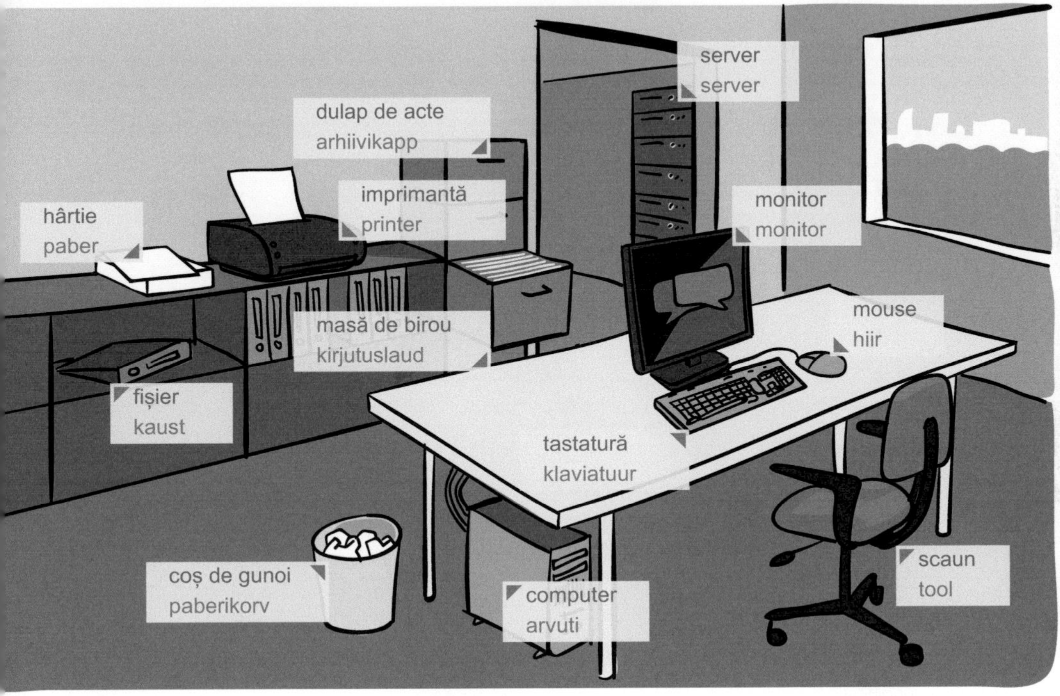

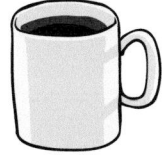

ceașcă de cafea

kohvikruus

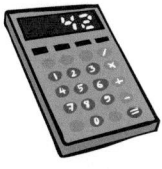

calculator

kalkulaator

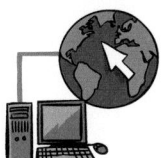

internet

internet

laptop

sülearvuti

scrisoare

kiri

mesaj

sõnum

telefon mobil

mobiiltelefon

reţea

võrk

copiator

koopiamasin

software

tarkvara

telefon

telefon

priză

pistikupesa

fax

faksimasin

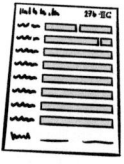

formular

vorm

document

dokument

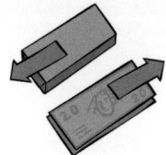

a cumpăra

ostma

a plăti

maksma

a face comerț

vahetama

bani

raha

Dolar

dollar

Euro

euro

Yen

jeen

Rublă

rubla

Franc Elvețian

Šveitsi frank

renminbi yuan

renminbi jüaan

Rupie

ruupia

bancomat

sularahaautomaat

casă de schimb valutar

valuutavahetuspunkt

aur

kuld

argint

hõbe

petrol

nafta

energie

energia

preț

hind

contract

leping

impozit

maks

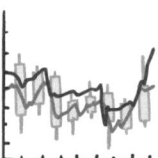

acțiune

aktsia

a munci

töötama

angajat

töötaja

angajator

tööandja

fabrică

tehas

magazin

kauplus

ocupații
ametid

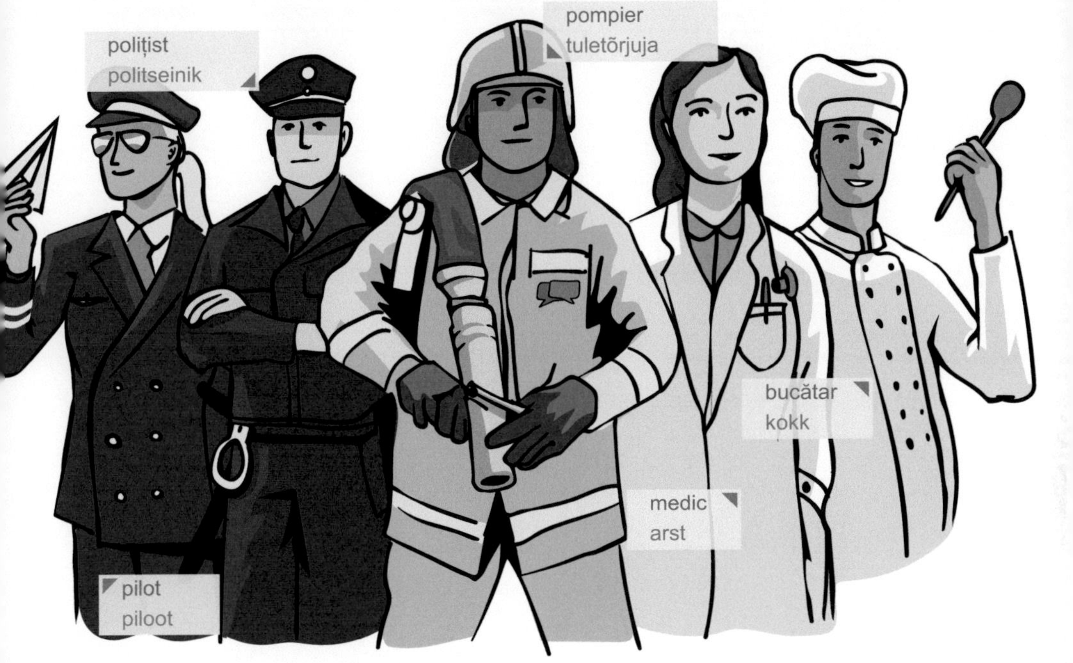

polițist
politseinik
pompier
tuletõrjuja
bucătar
kokk
medic
arst
pilot
piloot

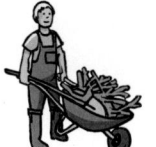

grădinar

aednik

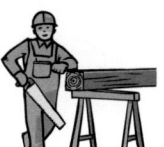

tâmplar

puusepp

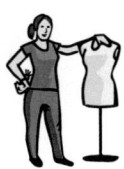

cusătoreasă

õmbleja

judecător

kohtunik

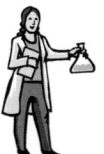

chimist

keemik

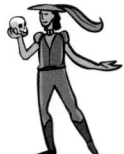

actor

näitleja

șofer de autobuz

bussijuht

șofer de taxi

taksojuht

pescar

kalamees

femeie de serviciu

koristaja

tinichigiu

katusepaigaldaja

chelnăr

kelner

vânător

jahimees

pictor

maaler

brutar

pagar

electrician

elektrik

muncitor în construcții

ehitaja

inginer

insener

măcelar

lihunik

instalator

torumees

poștaș

postiljon

soldat

sõdur

arhitect

arhitekt

casier

kassapidaja

florar

lillemüüja

frizer

juuksur

controlor

piletikontrolör

mecanic

mehaanik

căpitan

kapten

stomatolog

hambaarst

om de ştiinţă

teadlane

rabin

rabi

imam

imaam

călugăr

munk

preot

preester

instrumente
tööriistad

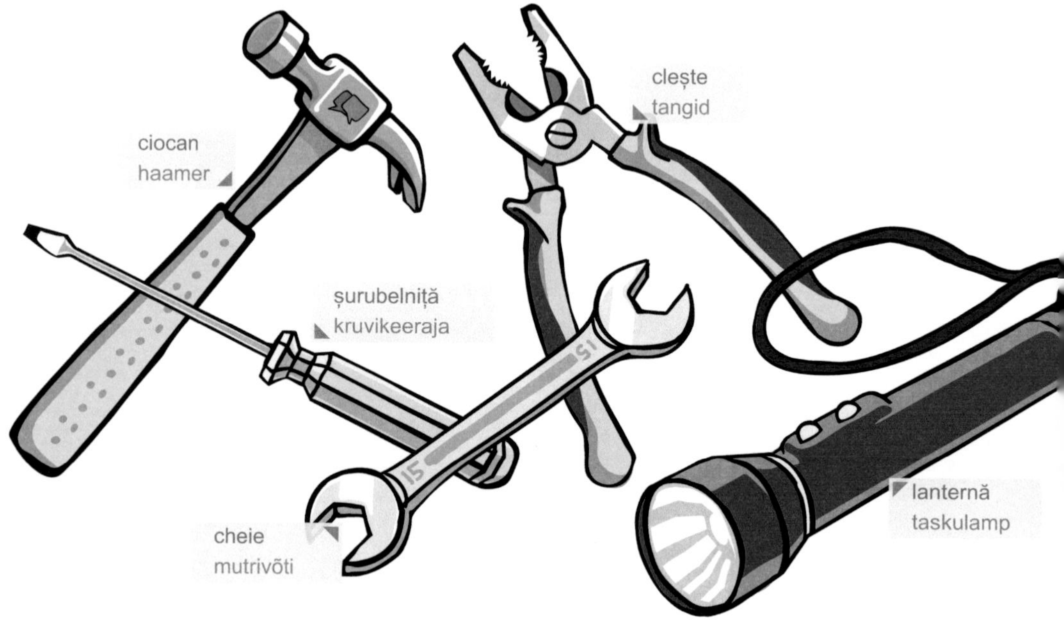

ciocan
haamer
clește
tangid
șurubelniță
kruvikeeraja
cheie
mutrivõti
lanternă
taskulamp

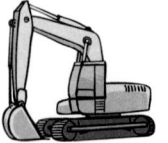

excavator

ekskavaator

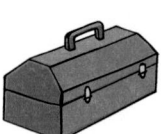

cutie de scule

tööriistakast

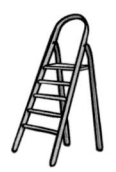

scară

redel

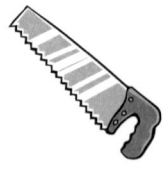

ferăstrău

saag

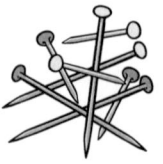

cuie

naelad

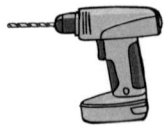

burghiu

trell

a repara
....
parandama

lopată
....
labidas

La naiba!
....
Pôrgusse!

făraș
....
kühvel

vas pentru vopsea
....
värvipott

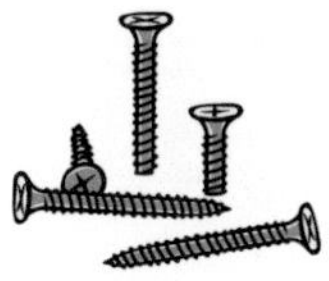

șuruburi
....
kruvid

instrumente muzicale
pillid

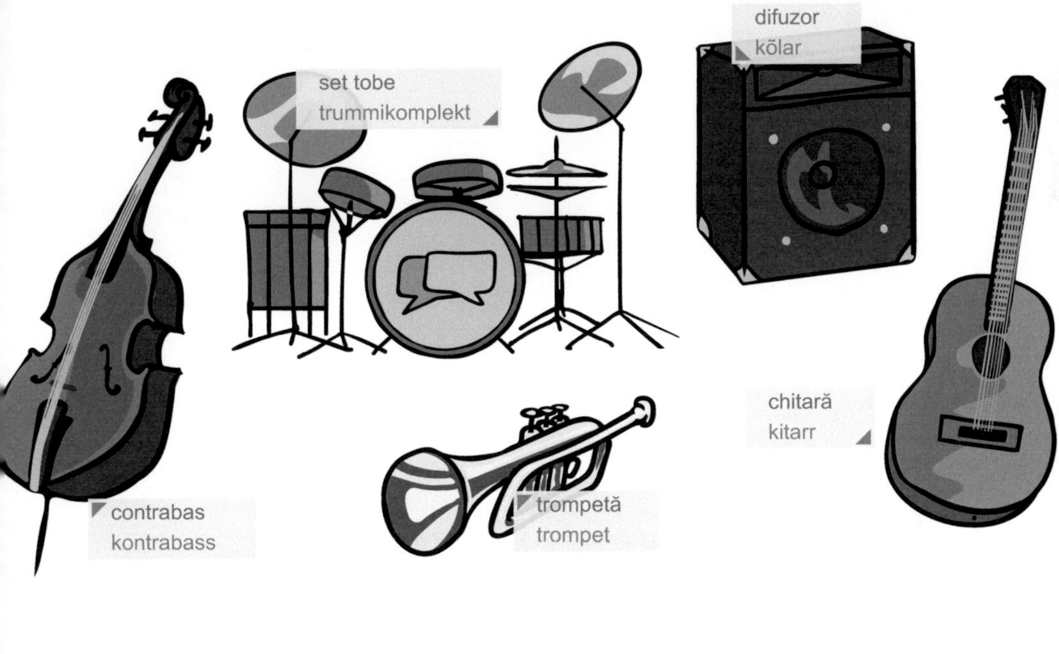

difuzor
kõlar

set tobe
trummikomplekt

contrabas
kontrabass

trompetă
trompet

chitară
kitarr

pian

klaver

vioară

viiul

bas

bass

trombon

timpan

tobă

trummid

keyboard

süntesaator

saxofon

saksofon

fluier

flööt

microfon

mikrofon

grădină zoologică

loomaaed

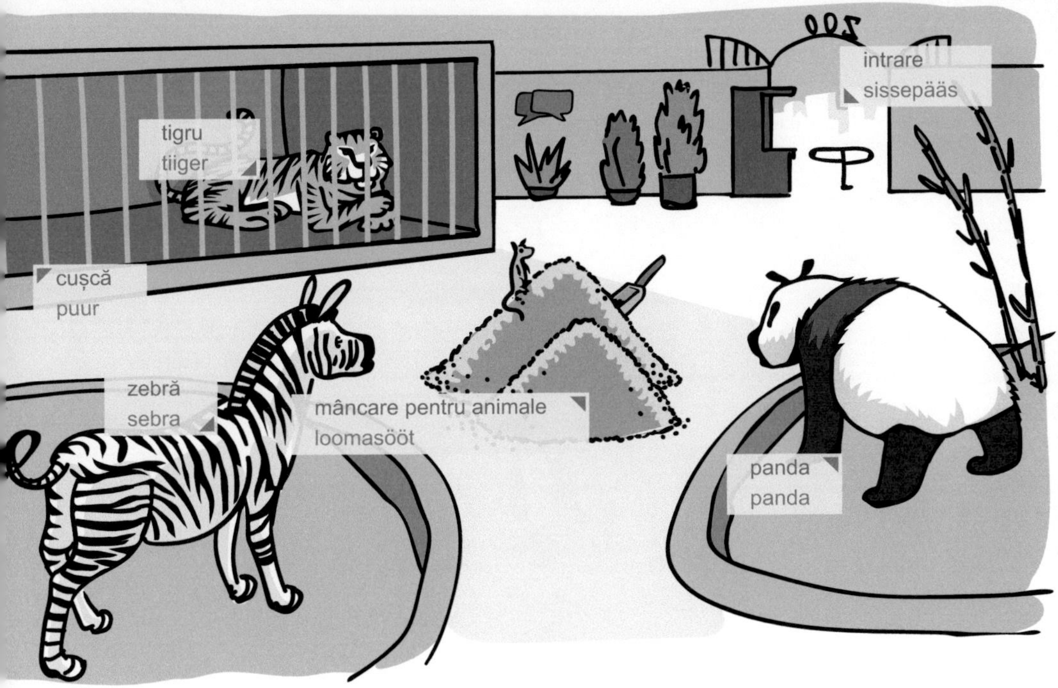

tigru
tiiger
intrare
sissepääs
cuşcă
puur
zebră
sebra
mâncare pentru animale
loomasööt
panda
panda

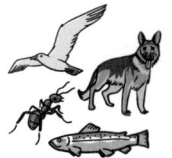

animale

loomad

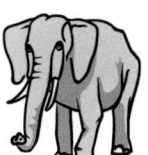

elefant

elevant

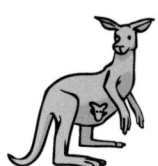

cangur

känguru

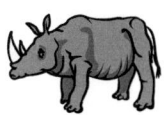

rinocer

ninasarvik

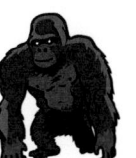

gorilă

gorilla

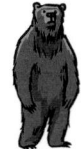

urs

karu

cămilă

kaamel

struț

jaanalind

leu

lõvi

maimuță

ahv

flamingo

flamingo

papagal

papagoi

urs polar

jääkaru

pinguin

pingviin

rechin

hai

păun

paabulind

șarpe

madu

crocodil

krokodill

îngrijitor grădina zoologică

loomaaiatalitaja

focă

hüljes

jaguar

jaaguar

ponei

poni

leopard

leopard

hipopotam

jõehobu

girafă

kaelkirjak

acvilă

kotkas

porc mistreț

metssiga

pește

kala

broască țestoasă

kilpkonn

morsă

morsk

vulpe

rebane

gazelă

gasell

fotbal american
Ameerika jalgpall

ciclism
jalgrattasõit

tenis
tennis

basketball
korvpall

înot
ujumine

box
poksimine

hockey pe gheață
jäähoki

fotbal

jalgpall

badminton

sulgpall

atletism

kergejõustik

handbal

käsipall

schi

suusatamine

polo

polo

activități
tegevused

a sări
hüppama
a îmbrățișa
kallistama
a râde
naerma
a merge
jalutama
a cânta
laulma
a visa
unistama
a se ruga
palvetama
a săruta
suudlema

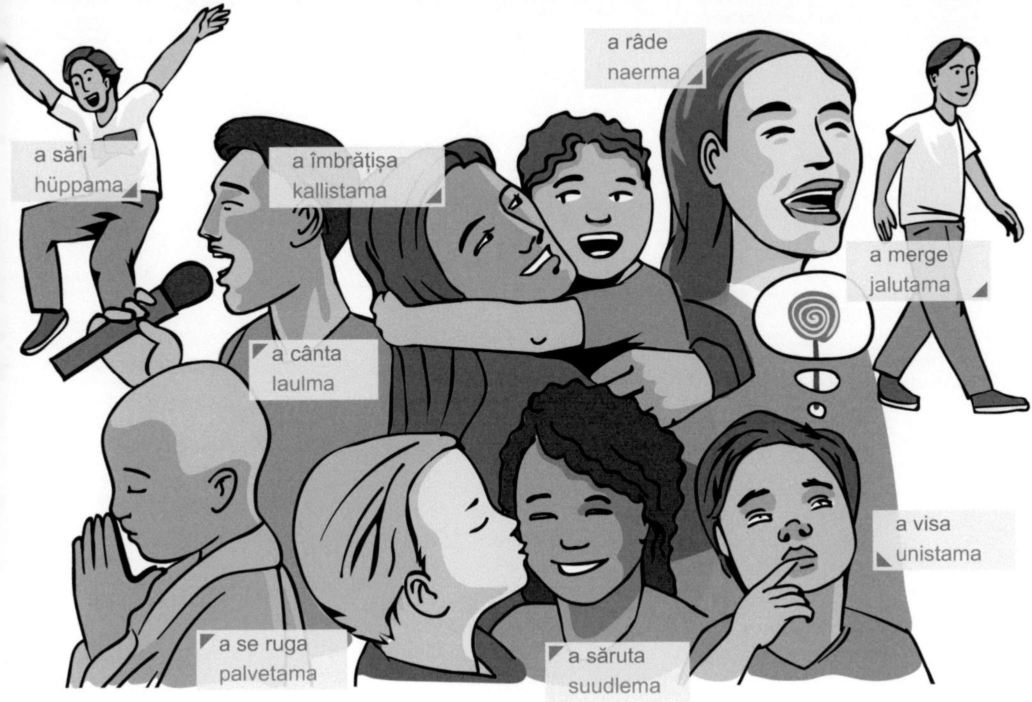

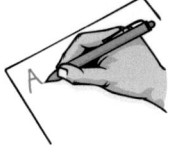

a scrie
kirjutama

a desena
joonistama

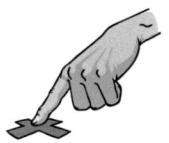

a arăta
näitama

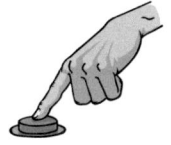

a împinge
lükkama

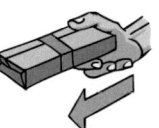

a da
andma

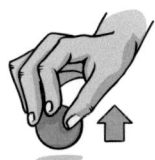

a lua
võtma

a avea

omama

a face

tegema

a fi

olema

a sta în picioare

seisma

a fugi

jooksma

a trage

tõmbama

a arunca

viskama

a cădea

kukkuma

a sta întins

lamama

a aștepta

ootama

a purta

kandma

a ședea

istuma

a se îmbrăca

riidesse panema

a dormi

magama

a se trezi

ärkama

a privi

vaatama

a plânge

nutma

a mângâia

paitama

a se pieptăna

kammima

a vorbi

rääkima

a înţelege

aru saama

a întreba

küsima

a asculta

kuulama

a bea

jooma

a mânca

sööma

a face ordine

korrastama

a iubi

armastama

a găti

süüa tegema

a conduce

sõitma

a zbura

lendama

a naviga

purjetama

a calcula

arvutama

a citi

lugema

a învăța

õppima

a munci

töötama

a se căsători

abielluma

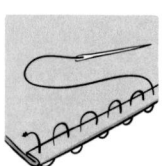

a coase

õmblema

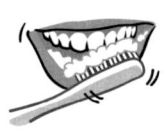

a se spăla pe dinți

hambaid pesema

a ucide

tapma

a fuma

suitsetama

a trimite

saatma

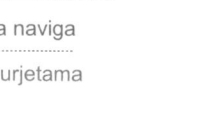

familie
perekond

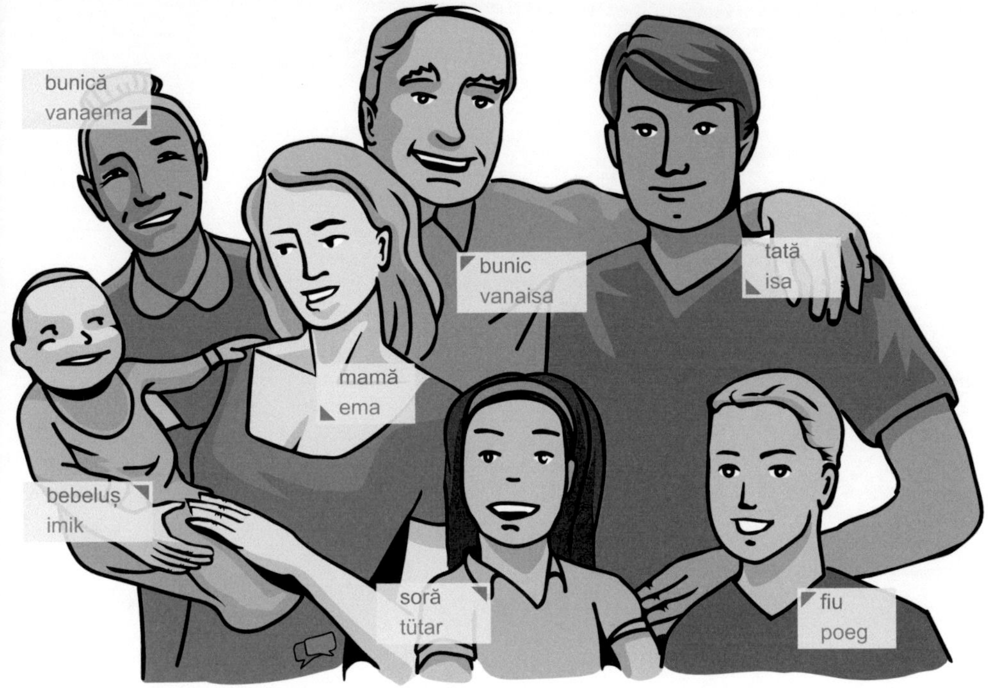
bunică
vanaema
bunic
vanaisa
tată
isa
mamă
ema
bebeluș
imik
soră
tütar
fiu
poeg

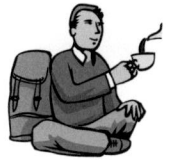

oaspete

külaline

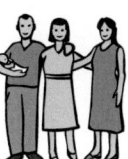

mătușă

tädi

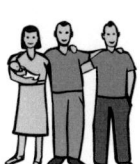

unchi

onu

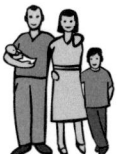

frate

vend

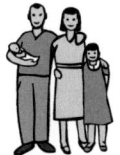

soră

õde

corp
keha

frunte
otsmik
ochi
silm
umăr
õlg
deget
sõrm
față
nägu
bărbie
lõug
mână
käsi
piept
rind
picior
jalg
braț
käsivars

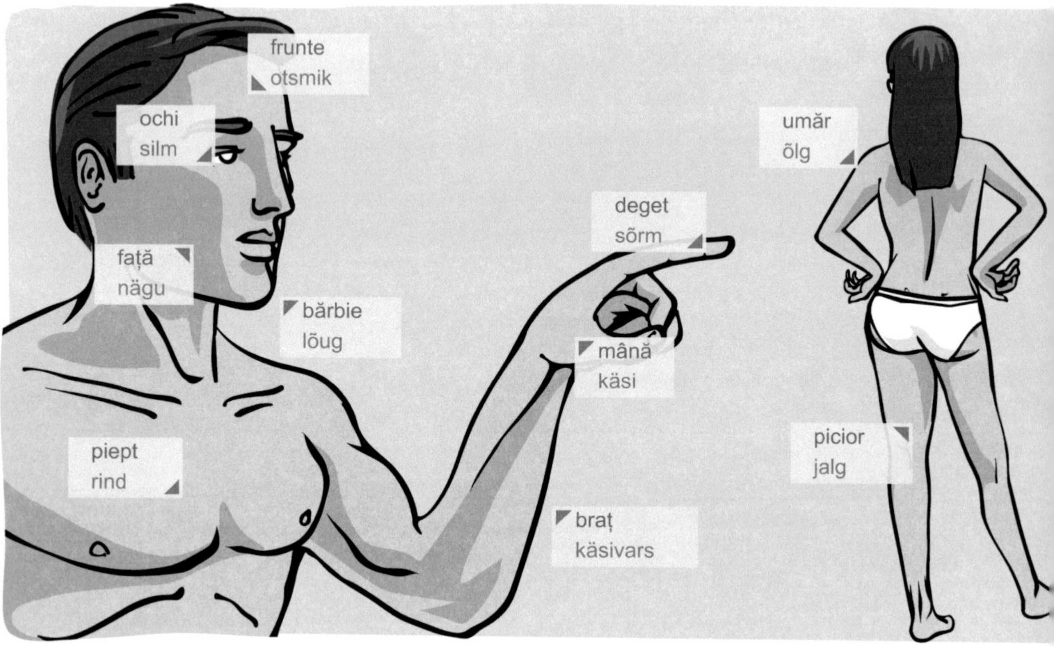

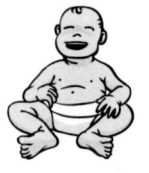

bebeluș
imik

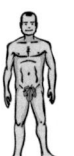

bărbat
mees

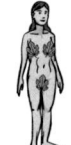

femeie
naine

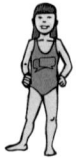

fată
tüdruk

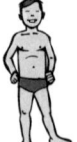

băiat
poiss

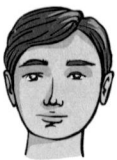

cap
pea

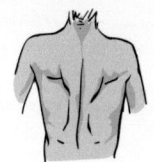

spate

selg

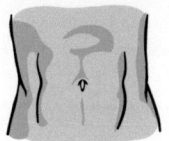

abdomen

köht

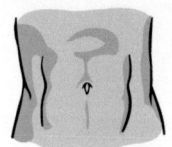

ombilic

naba

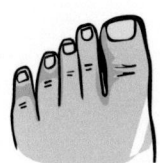

deget de la picior

varvas

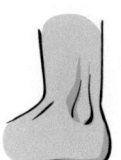

călcâi

kand

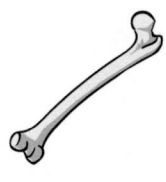

os

luu

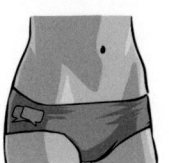

șold

puus

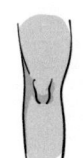

genunchi

põlv

cot

küünarnukk

nas

nina

fund

tagumik

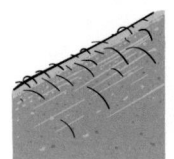

piele

nahk

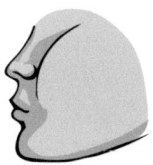

obraz

põsk

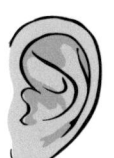

ureche

kõrv

buză

huuled

gură
suu

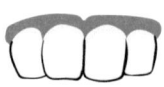

dinte
hammas

limbă
keel

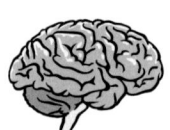

creier
aju

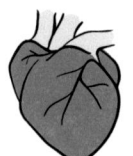

inimă
süda

mușchi
lihas

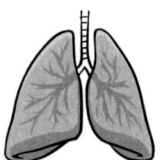

plămân
kops

ficat
maks

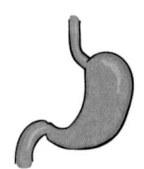

stomac
magu

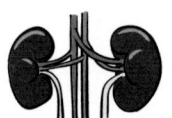

rinichi
neerud

sex
seksuaalvahekord

prezervativ
kondoom

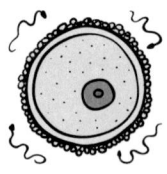

ovul
munarakk

spermă
sperma

sarcină
rasedus

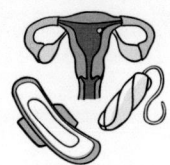

menstruație
menstruatsioon

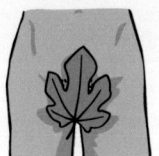

vagin
vagiina

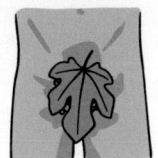

penis
peenis

sprânceană
kulm

păr
juuksed

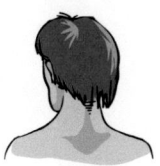

gât
kael

spital
haigla

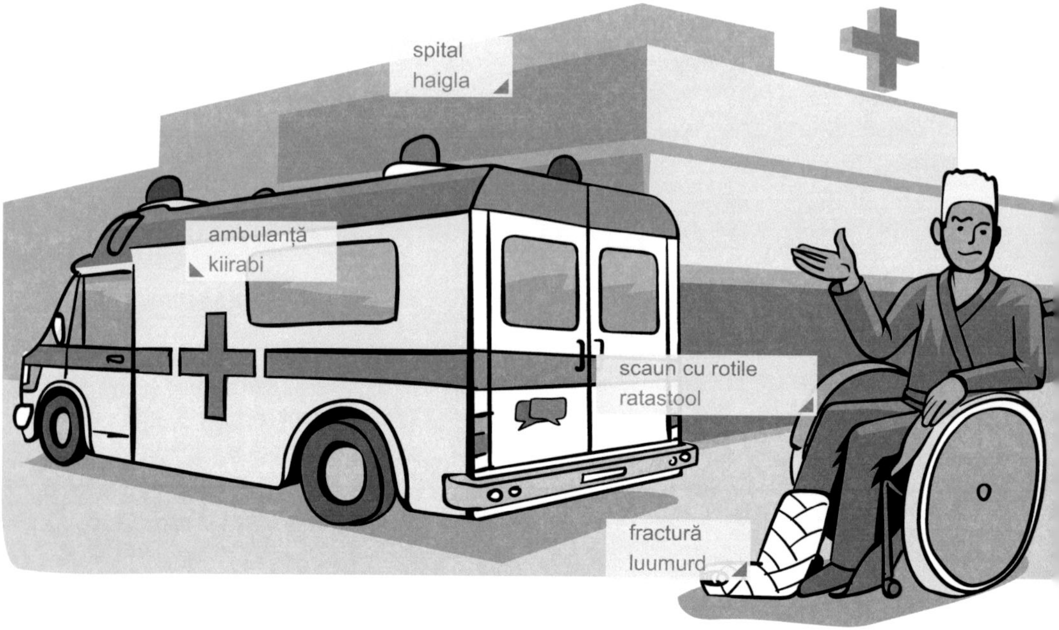

spital
haigla
ambulanță
kiirabi
scaun cu rotile
ratastool
fractură
luumurd

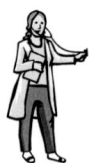

medic

arst

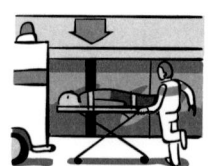

unitate de primiri urgențe

traumapunkt

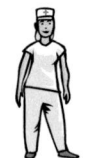

soră medicală

meditsiiniõde

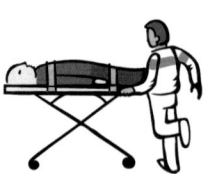

urgență

hädaolukord

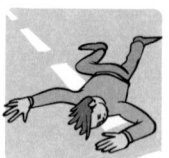

inconștient

teadvuseta

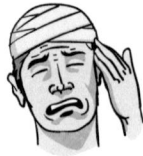

durere

valu

leziune

vigastus

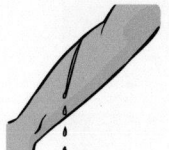

sângerare

verejooks

infarct miocardic

südamerabandus

atac cerebral

insult

alergie

allergia

tuse

köha

febră

palavik

gripă

gripp

diaree

kõhulahtisus

durere de cap

peavalu

cancer

vähk

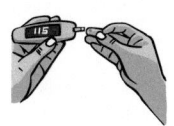

diabet

diabeet

chirurg

kirurg

scalpel

skalpell

operaţie

operatsioon

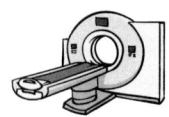

CT

KT

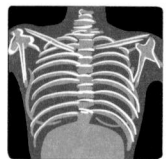

raze Röntgen

röntgen

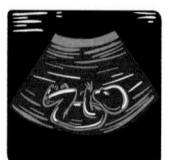

ultrasunet

ultraheli

mască

mask

boală

haigus

sală de așteptare

ooteruum

cârjă

kark

plasture

kips

bandaj

side

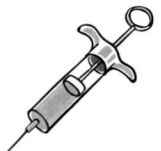

injecție

süst

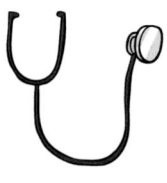

stetoscop

stetoskoop

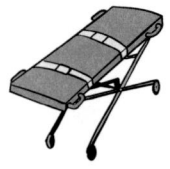

targă

kanderaam

termometru

kraadiklaas

naștere

sünd

supraponderabilitate

ülekaaluline

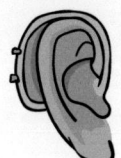

aparat auditiv

kuuldeaparaat

dezinfectant

desinfektsioonivahend

infecţie

põletik

virus

viirus

HIV/SIDA

HIV / AIDS

medicină

meditsiin

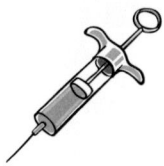

vaccin

vaktsineerimine

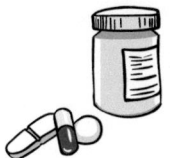

tablete

tabletid

pastilă

pill

apel de urgenţă

hädaabikõne

aparat de măsurare a
presiunii arteriale

vererõhuaparaat

bolnav/sănătos

haige / terve

Ajutor!

Appi!

alarmă

häire

agresiune

kallaletung

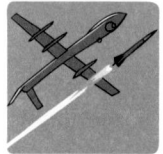

atac

rünnak

pericol

oht

ieșire de urgență

avariiväljapääs

Foc!

Tulekahju!

extinctor

tulekustuti

accident

õnnetus

trusă de prim-ajutor

esmaabikomplekt

SOS

SOS

poliție

politsei

Europa

Euroopa

America de Nord

Põhja-Ameerika

America de Sud

Lõuna-Ameerika

Africa

Aafrika

Asia

Aasia

Australia

Austraalia

Altantic

Atlandi ookean

Pacific

Vaikne ookean

Oceanul Indian

India ookean

Oceanul Antarctic

Lõuna-Jäämeri

Oceanul Arctic

Põhja-Jäämeri

Polul Nord

põhjapoolus

Polul Sud

lõunapoolus

Antarctica

Antarktika

pământ

Maa

țară

maismaa

mare

meri

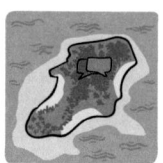

insulă

saar

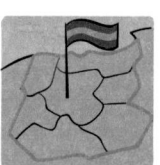

națiune

rahvus

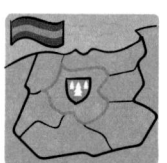

stat

riik

cadran

sihverplaat

orar

tunniosuti

minutar

minutiosuti

secundar

sekundiosuti

Cât e ceasul?

Mis kell on?

zi

päev

timp

aeg

acum

praegu

cead digital

digitaalne kell

minut

minut

oră

tund

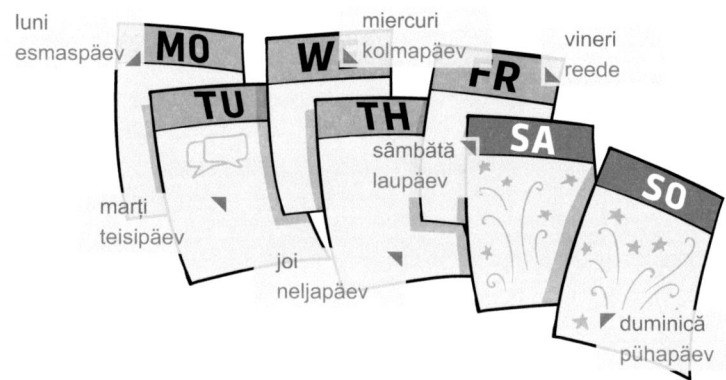

luni
esmaspäev — **MO**

marți
teisipäev — **TU**

miercuri
kolmapäev — **W**

joi
neljapäev — **TH**

sâmbătă
laupäev — **SA**

vineri
reede — **FR**

duminică
pühapäev — **SO**

ieri

eile

azi

täna

mâine

homme

dimineață

hommik

amiază

lõuna

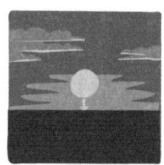

seară

õhtu

MO	TU	WE	TH	FR	SA	SU
1	2	3	4	5	6	7
8	9	10	11	12	13	14
15	16	17	18	19	20	21
22	23	24	25	26	27	28
29	30	31	1	2	3	4

zile lucrătoare

tööpäevad

MO	TU	WE	TH	FR	SA	SU
1	2	3	4	5	6	7
8	9	10	11	12	13	14
15	16	17	18	19	20	21
22	23	24	25	26	27	28
29	30	31	1	2	3	4

week-end

nädalavahetus

ploaie
vihm

curcubeu
vikerkaar

vânt
tuul

zăpadă
lumi

primăvară
kevad

vară
suvi

toamnă
sügis

iarnă
talv

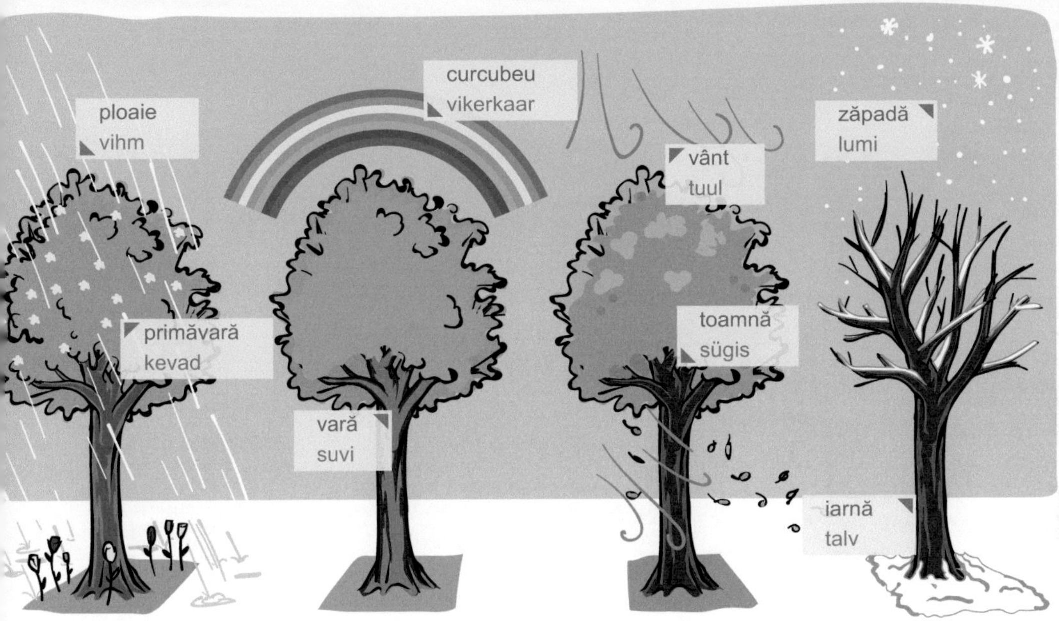

prognoză meteo

ilmaennustus

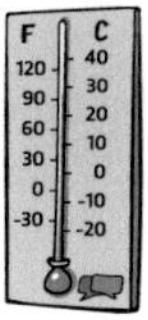

termometru

termomeeter

lumina soarelui

päikesepaiste

nor

pilv

ceață

udu

umiditate a aerului

niiskus

fulger

pikne

tunet

kõu

furtună

torm

grindină

rahe

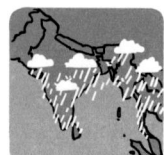

muson

mussoon

inundaţie

üleujutus

gheaţă

jää

ianuarie

jaanuar

februarie

veebruar

martie

märts

aprilie

aprill

mai

mai

iunie

juuni

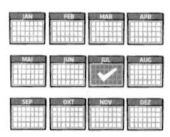

iulie

juuli

august

august

septembrie
....
september

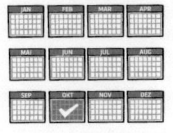

octombrie
....
oktoober

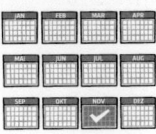

noiembrie
....
november

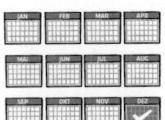

decembrie
....
detsember

cerc
....
ring

pătrat
....
ruut

dreptunghi
....
nelinurk

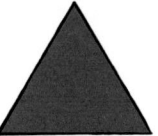

triunghi
....
kolmnurk

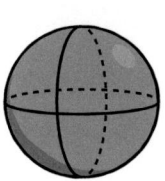

sferă
....
kera

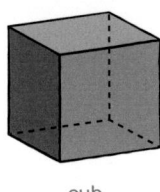

cub
....
kuup

alb
....
valge

galben
....
kollane

portocaliu
....
oranž

roz
....
roosa

roșu
....
punane

violet
....
lilla

albastru
....
sinine

verde
....
roheline

maro
....
pruun

gri
....
hall

negru
....
must

mult/puțin

palju / vähe

furios/calm

vihane / rahulik

frumos/urât

ilus / inetu

început/sfârșit

algus / lõpp

mare/mic

suur / väike

luminos/întunecat

hele / tume

frate/soră

vend / õde

curat/murdar

puhas / must

complet/incomplet

täielik / puudulik

zi/noapte

päev / öö

mort/viu

surnud / elus

lat/strâmt

lai / kitsas

comestibil/necomestibil

söödav / mittesöödav

rău/prietenos

kuri / sõbralik

emoționat/plictisit

põnevil / tüdinud

gras/slab

paks / peenike

primul/ultimul

esimene / viimane

prieten/inamic

sõber / vaenlane

plin/gol

täis / tühi

tare/moale

kõva / pehme

greu/ușor

raske / kerge

foame/sete

nälg / janu

bolnav/sănătos

haige / terve

ilegal/legal

ebaseaduslik / seaduslik

inteligent/stupid

tark / rumal

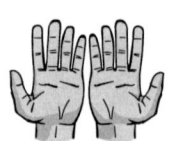

stânga/dreapta

vasak / parem

aproape/departe

lähedal / kaugel

antonime - vastandid

nou/uzat

uus / kasutatud

nimic/ceva

mitte midagi / midagi

bătrân/tânăr

vana / noor

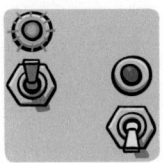

pornit/oprit

sees / väljas

deschis/închis

lahti / kinni

încet/tare

vaikne / vali

bogat/sărac

rikas / vaene

corect/fals

õige / vale

aspru/neted

kare / sile

trist/fericit

kurb / rõõmus

lung/scurt

lühike / pikk

încet/repede

aeglane / kiire

ud/uscat

märg / kuiv

cald/rece

soe / jahe

război/pace

sõda / rahu

0	**1**	**2**
zero	unu	doi
null	üks	kaks

3	**4**	**5**
trei	patru	cinci
kolm	neli	viis

6	**7**	**8**
șase	șapte	opt
kuus	seitse	kaheksa

9	**10**	**11**
nouă	zece	unsprezece
üheksa	kümme	üksteist

12

douăsprezece

kaksteist

13

treisprezece

kolmteist

14

paisprezece

neliteist

15

cincisprezece

viisteist

16

șaisprezece

kuusteist

17

șaptesprezece

seitseteist

18

optsprezece

kaheksateist

19

nouăsprezece

üheksateist

20

douăzeci

kakskümmend

100

o sută

sada

1.000

o mie

tuhat

1.000.000

un milion

miljon

engleză

inglise

engleză americană

Ameerika inglise

chineza mandarină

mandariini

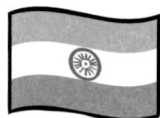

hindi

hindi

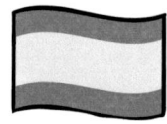

spaniolă

hispaania

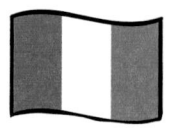

franceză

prantsuse

arabă

araabia

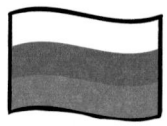

rusă

vene

protugheză

portugali

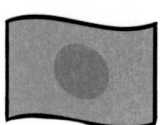

bengaleză

bengali

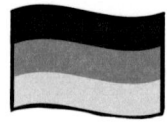

germană

saksa

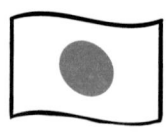

japoneză

jaapani

eu

mina

tu

sina

el/ea

tema

noi

meie

voi

teie

ea

nemad

cine?

kes?

ce?

mis?

cum?

kuidas?

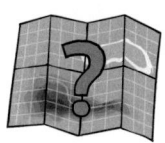

unde?

kus?

când?

millal?

nume

nimi

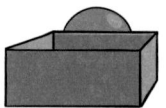

în spate

taga

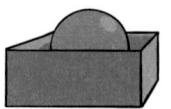

în

sees

înainte

ees

peste

kohal

pe

peal

sub

all

lângă

kõrval

între

vahel

loc

koht